Ballade en Phoésie

Dee d'Alton-Perez

Ballade en Phoésie

Recueil

LE LYS BLEU
ÉDITIONS

ISBN : 979-10-377-6626-7

Ce recueil est dédié, avec tout mon amour,
à Angélito

Par le Printemps des poètes

Résumé *:* Tout à la fois rêveur et terre à terre, fantasque et pragmatique, Dee d'Alton-Perez, Irlandaise et Docteur en littérature comparée, vous invite à un voyage surprenant aux confins des limites naturelles, des sphères du monde humain et animal. Jouant avec les concepts et les mots, vous serez l'amphitryon funambule d'un instant, d'un moment percutant et incisif.

Critique : Avec un verbe haut en couleur, des constructions d'envolées légères et sans prétention, seulement celle de vous lancer dans un univers mystérieux : son univers. Un monde où les jeux sur et avec les mots sont les surfaces immergées, les révélateurs des passions et émotions de l'âme humaine.

Dee

Je suis venue à Paris à l'âge de dix-sept ans pour poursuivre mes études aux Beaux-Arts, quittant enfin, un Dublin en pluie présomptueuse.

C'était le début d'une grande histoire d'amour avec la France, la langue française, la table française, le mode de vie, la culture et les Français. J'arrivais de l'Irlande, un pays où tout le monde écrit, peint, joue d'un instrument, chant, danse, raconte des histoires – bref un pays où tout le monde crée à sa façon et tout naturellement. Cela est la seule chose que j'ai apportée avec moi en partant.

Le vouloir de me devenir est fort, puisque nous, les êtres humains, responsables de notre bonheur, sommes ce que nous sommes devenus à présent, et fort de champs de possibilité pour notre devenir.

Ici, je vous présente une promenade en imagination. Une promenade où la poésie sert de ciment pour un voyage en interne. La langue de la poésie est pour moi la langue française. Issue de mon imagination, cette balade créative explore les émotions, les sensations que nous connaissons tous. Parfois inspiré par une fleur, une personne, une odeur, un mot, une idée abstraite ou métaphysique, un rêve, ces poèmes racontent des variations d'un même thème, les émotions de la vie. La personne que j'appelle OM n'est pas une entité extérieure à nous mais plutôt le centre de nos entités mêmes. Il s'agit de notre propre conscience supérieure, notre savoir inconscient, non exploité, peu compris et peu utilisé. La conscience collective influence nos vies individuelles, où nous sommes seuls, au point d'oublier ce qui constitue notre unicité, alors que nous faisons partie d'un ensemble qui fait surtout de nous terriens un. Seul dans le « un » n'est pas chose librement et facilement appréhendée. On peut se dire que si l'idée n'est pas vraiment absurde, elle est sans espoir et vide de sens. Que nous reste-t-il, si, philosophiquement parlant, nous ne sommes pas libres, si nous ne nous donnons pas les moyens de l'être ? Nous avons nos nécessités intérieures, nos fils de folie, nos exigences et nos contraintes extérieures ; on se dit que la vie n'a aucun sens, pourtant elle doit bien en avoir un. On passe notre vie à le chercher, à l'injecter dans ce que l'on fait, à se l'inventer, à combler le vide que cela nous laisse, à se l'imaginer.

Oui, car dans l'imagination, on peut créer tout ce que l'on veut. On peut se réinventer et inventer sa vie. C'est sans doute pour cela que l'homme est né créatif.

Créer n'est ni un souhait ni un vouloir éventuel, une chose destinée « aux autres », c'est un besoin. Notre progrès et nos valeurs dépendent exclusivement de notre indépendance à créer, à se créer, à se « devenir », à s'autoriser à s'être, sans maître, mais me-être.

Ici, je m'approprie un espace qui est mien. Cet espace, nous l'avons tous. C'est une réalité autant que celle des deux lignes parallèles qui n'existent pas dans la nature, qui ne se rencontreront jamais, mais qui servent à représenter un système spatial, élaboré en efficacité.

Ma réalité est de même. Ma réalité est l'imagination créative.

Ici, c'est ma créativité, imaginée par moi.

Ange

Une nuit, un oiseau qui n'habite pas cette planète
Est venu
M'apportant un cœur neuf
En forme d'ange

Il m'a dit : Regarde-le bien et
Tu y verras toutes les couleurs de tes rêves,

Garde-le bien et
Tu y rencontreras ton Grand Pouvoir,

Aime-le beaucoup et
Tu auras accès à ta connaissance
Ancienne, oubliée,

Aime-le toujours et
Tu t'envoleras aux ailes de l'ange en couleurs de rêve
En amour ancien, aimé.

Pensées pures

Alors je compris Qu'ici
J'avais beau être
Je n'y étais pas
Là, d'où on venait
Y retournant pas à, Pas,
Je suis mon âme
Du mal à suivre
Mais suivre, ne peux que
Quoi qui se passera, on suivra,

Alors je compris
Ce que j'avais toujours su
Ici je vis peurs, problèmes non résolus
Croyant devoir être
Ce que je ne suis pas
Sachant que je suis moi et l'autre
Cherchons l'au-delà,

Alors je compris
Que mes peurs sont en-prisonnées
Construites par moi-même
Par ces pensées d’indécision
Soit, l’artiste, Soyez
C’est tout ce qu’il faut faire
Ainsi tu ne diras plus
La planète Erre.

Que

Ne criez pas si je vous dis
Que l'amour s'en va
Pas toujours
Ainsi
Au fur et à mesure
C'est ça
Qui fait peut-être
Que l'espoir perdure
Aussi
Il y a
Quelques amours
Comme ça
Qui se savourent
Les cas
De grande joie
D'un Amour
Sans rayures.

Hanami

C'est en passant devant
Que je me souviens
D'abord, un parfum
Si délicat, raffiné, nuageux
Je m'arrête pour assimiler ce cadeau
Et je te regarde…
Merveille d'abstraction mathématique
Couleurs en dégradée d'aucune peinture possible
Je te parle et tu t'ouvres
Il arrive ce moment précis
Où tu es au faîte de ta splendeur absolue
Ouverte comme un cœur donneur
Embrassant comme un amour éternel
Tu vas me laisser,
La nuit arrive
Tu fermes, petit à petit, ta belle tête
Je suis triste
Demain tu ne seras plus la même,

Ainsi je ne vous ramène jamais chez moi
Ne supportant cette beauté venir, s'épanouir et partir
Ces âmes, que je vais voir disparaître entre mes doigts
Et en-jardinées, quelle joie de vous voir arriver
Quelle merveille de vous parler
Quelle triste douleur de vous voir tomber !

Hanami : Terme Japonais qui signifie « regarder les fleurs »

Trahison

Je ne vous parle plus, vous me criez dessus
Invention d'un être qui n'est pas moi, jamais vu
De qui exactement parlez-vous ?
Je vous donne mon tout, puis c'est tout
Car je vous aime, vous l'avez su
Que votre bonheur que j'ai toujours voulu
Ah oui, il est vrai que
Je dis toujours la vérité
Comme, ainsi et telle qu'elle est
Sans vanité, sans juger
Ainsi le pourquoi que vous ne m'aimez,

Il est, paraît-il, une terre inconnue
Où le sens même ne peut être voulu
Mais ce sens-là est ce que je suis
C'est pour cela que je vous suis parti
Moi, qui vous ai tant aimés
J'aurais préféré que vous m'abandonniez
Mais vous avez fait pire, vous m'avez trahi

Et je ne m'en suis jamais remis
Désormais à vous la partie
Qui se jouera, sans doute, dans une autre vie.

Battu

Petit, sage comme une image née
Je n'avais rien fait
Mais tu me battais
Dans mon coin, je me pleurais
J'imaginais que je devais être vraiment mauvais
Faisant tout pour te plaire, tu sais
À trois ans je cherchais un foyer
Alors je m'enfuyais de la maison endiablée
Malheureusement je me faisais toujours attraper
Tu me ramenais pour me battre avec bâton sculpté
Et je pleurais, je pleurais car je ne comprenais
Un jour, en rentrant de l'école, silencé
Devant tes copines tu m'as appelé
Me mettant sur tes genoux agités
Tu m'as à moitié déshabillé
Sur mes fesses tombaient les coups de couperet
Encore et encore, même tes copines criaient
J'ai senti le plaisir intense que tu ressentais
À me battre, A me faire mal, Car je vivais

La honte, douleur et frustration m'ont fait lever
Te regardant j'ai dit :
Plus jamais je ne pleurerai
Et plus jamais je ne pourrai t'aimer.

Démasqué[1]

Demande à un homme de te parler de lui et il te mentira
Donne-lui un masque
Et il te dira la vérité
C'était Oscar qui l'avait dit en premier
Si bien placé pour en parler
Où d'autre se regarder ?
À part dans un miroir, une glace
Un reflet ou une psyché
Où regarder pour se voir ?
Voir quoi, voir qui ?
S'apercevoir voir, Voyant, Voyeur de soi
On a beau regarder
On s'aveugle
On ne voit rien
On ne sait pas re-garder
On ne sait pas voir

---

[1] « Oscar » Wilde

Nonobstant notre mise-en-garde
Mettons un masque
Le premier est comme on s'imagine être
Le deuxième est comme on voudrait se voir être
Le troisième est celui que l'on pense avoir été
Le quatrième est celui que l'on pense devoir être
Le cinquième est comme on pense être bien
Le sixième est comme on pense bien être
Le septième est celui que l'on voudrait à tout prix devenir
À savoir, soi
Où est le soi sous le masque à venir ?
Tous des acteurs
De merveilleux acteurs de notre mal être
De notre non-être, de notre n'étant pas
Qui devrait pourtant être de plus en plus en devenir
Sauf, on oublie que l'on joue
On devient le clown
Le clown triste qui a l'air heureux
C'est pour cela que le clown fait peur aux êtres sensés
Les masques et les clowns font peur aux petits-enfants
Encore trop jeunes pour devoir s'en accaparer
Il ne s'agit pas de se voiler la face
On a trouvé mieux
Incapable de se devenir, de se-être, nu
Face à soi et au monde
On se raconte aux étrangers de passage
On les regarde
Certain de ne plus les re-voir

On s'ajuste à ce que l'on pense devoir être
Devant l'attente d'autrui
Ayant peur de décevoir
On prépare les adieux et non pas les au-revoir
Car on revient toujours à voir sans regarder
Apercevoir et juger
Remarquer, sans imaginer
L'image, sans hommage
Mettons tous nos masques préférés pour mieux se raconter
Car en se racontant
On risque de sa-voir
De voir le ça,
Ce qui nous permettra de croire
À défaut de voir.

De-lire

Comme-on se de-venir
Si point ne peux fin-ir
La comme-é-di de sable
O sein d'un mou-ve-m'en instable
Non ce de-venir
Mais se-être
Arriver à être son me-être
Non pas venir
Pour faire le point
Car s-en-s la ligne
On naît rien
Il ça gît de fon-da-mentale
Pas d'une pansée spéciale
Lalangue sert à se dé-couvrir
Car en parlant on se fait
En-core jouir.

De huit

Perle de pluie, glissante glorieuse d'un lointain magique
Apportant cadeaux majestueux, et secrets, et musiques
Chuchotant mots doux d'un pays lumineux
M'éclairant dans l'art des artistiques
Me débarrassant des reliques
Aux traits obliques
Lignée statique
Mystique.

Pensée immarcescible

De l'intérieur d'un verre transparent Qui,
Apparemment,
Rien dedans
Tranquille, sans antécédents
S'est levé, reconnaissant
L'Amour, attendrissant
Cédant, touchant, Ondulant
Naissant En Un
Étant
Rigolant
Et
Aimant, content
Moment puissant
Regard fulgurant
Moi, dormant
Pensant, manquant
De toi-souffrant
Réveillant
Bouleversant, t'aimant

Saisir
Sans
Le verre transparent,
Dedans.

Les études qui tuent

Les voilà en pleine inflation académique
Depuis le dix-neuvième siècle pré-atomique
Études de plus en plus longues
Vie de plus en plus petite, elle gronde,
Où en-est le contrat psychologique ?
Ou n'y a-t-il plus que des contrats traumatiques ?
Et la créativité innée, la valeur interactive
L'éducation a su tuer le mouvement dynamique,
Au nom du rendement, la performance et le profit
Pour voler le sens même au sein de l'autrui,
L'erreur ? Non, jamais ! personne n'y a droit
Sauf certains, tenaces, qui gardent la foi
Ensuite on les acclame, ces ayants droit
Zillionaires, tout à la tête de leurs propres lois,
La passion, l'enthousiasme, la confiance
Sont retirés au nom du savoir et la tendance
Le mouvement est assis, les valeurs enfouies
L'Art, la musique, la danse et ainsi
Ne sont que peu sur l'échelle de la hiérarchie
Nés avec le don de la créativité et la curiosité
Les voilà, en plein drame de leur immondicité.

Rencontre

Allongé dans une herbe rouge de larmes
J'ai cru entendre au loin un vacarme
Mais ce n'était que des voix en palmes
M'indiquant vers où emprunter le chemin vers le calme,

Des yeux de jadis, vieillis par une pleure
À travers leur brume perçait un cœur
Un cri sourd issu d'une âme sœur
Me chuchotant : Ici, ce n'est qu'un leurre en fleurs,

Trébuchant en me remettant debout
Couvert d'un voile de mort crue
Je savais ce qu'alors je n'avais su
Mon âme me faisait face, seule
Transparente, Et nue.

Ce que j'apporterai avec moi, après

Instaurer le royaume de la conscience
Au-delà d'un cœur vivant
D'un cerveau peu capable, où on habite
Ayant un corps pour tout transite
S'enfermer dans les limitations
De connaissances présupposées
De l'humanité à ce moment précis dans son développement
Sachant pourtant qu'il ne peut pas dire savoir
Car le développement est pourtant pauvre –
Car l'homme oublie son propre essentiel
Dans ses mouvements perpétuels

Un moment de réflexion
Pour accepter de ne pas comprendre
Pour se donner le droit de se tromper
Pour se donner le droit d'avoir tout et tout de suite
Pour la volonté d'être heureux
Pour le droit à l'amour et au respect

Pour le souhait de bien vouloir donner
Pour ne pas « gagner » sa vie mais la vivre
Pour oublier le jugement
Pour se rappeler de l'anti-conscience
Pour dépasser la polarisation
Pour s'expanser
Pour devenir et rester libre
Pour se dire que l'autre est aussi moi
Pour se dire que l'on a le choix
Pour tendre la main
Pour vous aider Toi
Car, tout à l'heure, je m'en vais me mourir.

Femmes

Femme née petite fille
Quelque part petite aussi
Sensibilité à fleur de peau
Trop fragile pour tant de maux
Femme qui vit aux émotions dures
Femme qui crie souvent Au-Secours
Seule dans son mal, elle regarde la fleur
Et décide qu'elle se battra pour son bonheur
Artiste d'état d'être, émotions à gérer
Courageuse, la femme ne veut point errer
Elle doit regarder à l'intérieur d'elle-même
Pour en retirer l'imagination qu'elle y sème
Femme créative, Femme artiste
Femme qui sait que Oui elle existe.

Quoi ?

Lapin en lit, me dit :
Souris ! Avec l'ordinateur ?
Sois plus bête, l'animal
Toi, un co-ordinateur.
De ma vie, non, pas je,
Elle, m'emmène
Je ne peux,
Écureuil, aux petites mains,
Sûr, tu ne connaîtras pas la faim
Soif, le cheval ? de vivre, moi,
Animal, oui, lequel et quoi ?
Oiseau de nuit, non de jour
Ce sont les chansons qui nous lient
Dauphin en terre, je suis
L'aigle en air, le suis
Insecte articulé, mammifère
Dansant, surfant en galaxies
Me soutenant, et, molécules
Autosuffisance de ridicule.

Phoésie

Poésie je t'aime
Comprendre, ce n'est rien
Mots, c'est comme je veux
Rythme, c'est comme je peux
Mots et maux je sème
Ne sachant comment je fais
La langue me comprend
Et me suis comme un rien,

Joie
Où es-tu ?
Petit salop, comme tu joues
Avec mes fleurs de peau
Et mes chair-es de poule
Mes assiettes pas dedans
Et un jour
Pas beau
Par manque de peau
Tu fais le beau
Mais je ne suis pas sot !

Joie,
Reviens !
Je suis allé te chercher
Tu te caches
Sans relâche
Crois-moi
Tu vas le regretter.

Une dispute

Je me suis fâché un jour avec Om,
Elle était triste, mais confiante
Elle m’a dit : Si c’est ce que tu veux
Cela m’avait agacé
J’aurais aimé qu’elle me
quête de rester
De revenir
Ma fierté, si bien placée
M’en a fait fuir
Puisque Om je la suis
Om je m’en moque
Toutes ces histoires
Vendues en toques,

Je me suis perdu, moi et moi-même
Pendant des années
Des mois
Des semaines
Quelques siècles plus tard

Une larme a lavé l'œil
Dans l'eau, Quelque part
Je me trouvais au seuil
D'entre deux galaxies
Où je demeure depuis
En faisant semblant
D'être toujours ici.

Morceaux

Trois parties isolées
Où m'as-tu caché ?
J'ai trouvé une oreille, ne suffit pour surdité
Parterre j'ai vu un nez
Le mien, il sentait
L'instinct, l'avais perdu
Tout ce que j'avais su
Une nuit, une jambe venue
S'attachant, disant : Marches !
On est deux avec celle en bois
Oui, c'est une farce
Avec l'œil, on est trois
Ne voyant rien
Suis mal foutu
Besoin d'un coup de main, Celui dont
Je n'en ai jamais voulu.

Hommage
À l'homme à l'âme

Petite fille, timide, trop timide pour parler
C'est sûr qu'elle était « sage » !
Se cachait derrière la grande silhouette de son père
Il parlait à sa place
Elle lui chuchotait à l'oreille

Ces dimanches interminables chez des « gens »
L'ennui était tel que si
La maison était sans piano
Elle inventait des rimes dans sa tête
Et ainsi faisait tout l'alphabet

C'était un de ces dimanches-là
Mais il faisait beau
Le vieil homme de la maison lui proposa une promenade
À son soulagement il ne parlait pas, du tout
Ils marchaient au soleil vers la ville

Une confiserie, que de bonbons, de chocolats
Un spectacle de couleurs cachant des goûts mystérieux
Il lui tendit un immense sac en papier blanc :
« Prends tout ce que tu veux »
Et alors, la grande balade des couleurs avait commencé
Jusqu'au ras du bord du sac
Le vieil homme était content et souriait

Ils sont repartis en promenade
Elle a mangé, petit à petit

Tous les bonbons
Tous les chocolats, toutes les couleurs
Elle craignait de ne pas finir à temps
Le vieil homme commença à ralentir le pas
Elle s'est dépêchée de finir
De s'essuyer la bouche avec le revers de la manche du manteau
Elle lui tendit le sac en papier blanc, vide, en boule froissée
Il le mit dans sa poche, sortit un mouchoir en coton blanc
Fraîchement repassé et plié
Tendrement, il a dépoudré son visage et ses mains

Ils sont rentrés,

Elle n’a jamais su qui était cet homme.
Elle n’a jamais pu le remercier
Il avait lu dans son âme
Il lui avait montré un moment parfait

Un sac énorme d’interdits,
Sous le soleil
Sautillant sur les rochers d’un ruisseau
Rigolant
Sans mots
Heureux
Ce noble secret.

Enfumée

Devais-tu vraiment recourir à ta voiture
Pour avoir un peu de paix ?
Était-ce le seul endroit où t'échapper ?

T'échapper de tout ce qui devenait trop, trop souvent
Tu t'installais au soleil
En déplaçant la voiture en fonction
Mais que de quelques mètres
Avec ton pardessus, ton couvre-chef

Le chauffage à fond
Tu étais bien au soleil
Ton pauvre corps ne pouvant plus t'offrir que du froid
Avec la radio à fond
Un match de hurling ou autre

Tu fumais ton cigare toutes fenêtres fermées
Pour mieux le circler encore L'écran de fumée
servait de rideau
Te protégeant contre des regards curieux des passants

Je te regardais parfois
Quand je te tombais dessus par hasard
Je ne voulais pas te déranger

Une fois, tu m'avais vu
Tu m'avais fait
Signe de monter
Je suis rentré dans ton lieu secret
J'adorais l'odeur de tes cigares
C'était curieux d'être dans une bulle de fumée
La chaleur était quasi insupportable
Tu ne parlais pas
Tu avais juste dit que tu écoutais le match
En partant, tu m'as dit : « J'arrive bientôt »

On n'en parlait pas ; on n'en a jamais parlé
Que depuis ta grande maison, tes télés et tes radios
Tu devais t'en enfuir pour
T'enfermer dans ta bulle de fumée
Pour espérer être tranquille
Un moment.

La grenouille

L'été, la mer, endroit peu peuplé
Livres : beaucoup, villa piscinée
Jardin, soleil, personne, protégé
Piscine – Breakfast – Lecture
Piscine – Lunch – Lecture
Balade en mer, en bateau
Piscine – Dîner – Film en dînant,
Deuxième soir, arriva un non-invité
En-seuilé, ne voulant bouger
Moi, en-canapé, à elle, parler
Peur qu'elle s'en aille…
Lui tendant la main
Le St. Estèphe, n'appréciait point
Fin film
Elle restait là
Mes paroles ne la souciaient pas ?
Quand elle est partie, j'ai fermé la porte,

Troisième soir, on s'est regardé
Longuement
J'écoutais ce qu'elle ne disait pas
Attentivement
Sa gorge étrange, ses yeux larmoyants
Faisaient que j'aurais aimé
M'approcher un peu
Je me demandais le pourquoi de sa venue
Un message a livré ?
Mal reçu ?
Je pensais à la princesse qu'elle était peut-être
L'embrasser, non, elle ne voulait pas l'être !
Soir après soir
Elle rentrait me voir
Se mettant au même endroit
Sur le seuil
Nous avions établi une amitié, certes
L'avant-dernier soir de mon départ
Elle n'est pas venue
Je l'ai attendue
Dans le jardin
À côté de la piscine
Sur le seuil de la porte
Pendant des heures
Elle n'est pas venue
J'étais triste
Triste
Inexplicablement triste,

Encore aujourd'hui, je pense à elle
La grenouille, Mon Amie
Quand
À l'époque des amours
Au bord de la Marne, j'écoute leurs conversations
Sachant
Qu'il y a toujours une silencieuse dans la foule.

Disparus

Il aurait voulu que la vie lui soit douce
Il aurait aimé aimer
Un grand Amour
Passion à tout jamais

Mais le curieux de la vie
Et que c'est Elle qui choisit
Et oui tu obéis
Sinon tu t'enfuis,

Ils étaient nombreux à être malheureux
À se battre, jour après jour
Pour régler les factures
Mais le vide qu'ils vivaient
Que la vie imposait
Était impardonnable
Pour ceux qui veulent aimer
En rêvant d'un mieux
Que l'on trouvait point ici

Préférant les mots de : Ici Je Gis
L'enfer est ici, sur cette terre sans vie
On se la crée, dit-on, en psychiatrie,
Comment créer sans armes
Noyant en larmes
Attraper le poisson qui glisse et s'enfuit ?
Et si j'avais su et si j'avais vu
Que la douleur de la naissance
N'était qu'un début
Se couvrir de béton
Est la seule issue
Car l'habit d'un nouveau-né
N'est pas le bienvenu.

Le sage

Le papillon, le grand papillon sage est venu me rendre visite en images
Me disant qu'Ici, il ne faut pas s'en faire, les surplus de l'histoire y errent
Je lui demandai de m'amener avec lui, sur ses grandes ailes bien fleuries
— Non, je ne le puis, ton travail ici n'est point fini,
— Mais ne t'inquiète pas, je reviendrai et avec tous les amis
— Et là on vous emmènera bien loin d'ici
Comment est-ce là-bas, là où tu vis ?
— Oh tu sais, ce n'est pas tant différent d'ici
— Mais c'est un lieu où il n'y a jamais de pluie
— C'est un lieu où tout le monde rit
— C'est un lieu où il n'existe point de cris
— C'est un lieu d'harmonie où on vit
Donc, combien de temps encore dois-je me traîner ci-bas ?
En vivant absurdité, haine d'un au-delà encore sans ça

Que fais-je ici que je n'ai pas fini ? Je ne vois pas tant ma vie est vide
Cherchant un sens pour la joie qui me guide
Peu de joie en faut, il faut l'inventer
En attendant tes ailes pour enfin m'amener.

Lui

C'était en rangeant sa chambre
Que je suis tombé dessus
Des mots en colonne et
Courses à faire
Des petites choses
Que l'on avait oubliées
C'était toujours lui
Qui allait chercher les oublis
En-cigaré au supermarché
Où tout le monde le connaissait
L'adorait, en multitude
Interdit ? Comment cela ?
Un mot qu'il ne connaissait pas
Seul dans sa liberté et seul dans sa grande solitude,

En dessous
Il y avait d'écrit
Des mots et des rimes
Tellement jolis

Un poème d’amour
Plein de roses, de romance
De promesses de bal encore
Pour une dernière danse
Qu’il a dansé, un mois d’août
Là, avec elle
En se mourant debout.

Om, viens ![2]

Oms sont là et ici
Résidant sur le Pic Sacré de l'Aigle aussi,
Quand tout ici se consume dans un immense brasier
Cette terre, qui est la leur, qui nous est proche
Demeure paisible et sûre
Emplie en permanence d'êtres célestes et humains
Jardins et bosquets ornés de diverses sortes de joyaux
Arbres regorgeant de fleurs et fruits
Où les êtres vivants se divertissent à leur guise
Frappant les tambours célestes
Faisant constamment musiques de toutes sortes
Et pluies de fleurs de Joie se répandent
Sur la grande assemblée
Ni angoisse, ni terreur, ni autres souffrances
Mais paix, honnêteté, loyauté, vérité et droiture
Y demeurent en permanence avec

[2] Extrait remanié des chapitres II et XVI Le Sûtra de Lotus, du « Texte de Pratique du Bouddhisme », de Nichiren Daishonin.

La sagesse, la compassion, le courage, la force
Et une éloquence sans bornes,
La Loi à laquelle on veut s'éveiller pleinement
La Loi universelle et au-delà des univers
Infinie et incommensurable
Est La Loi la plus difficile à appréhender.

Neuf heures

Neuf heures que je suis assis dans ce placard
Neuf heures que je n'ai pas bougé
Du tout.
Il faut être fou pour faire ça,
Quelqu'un vient
Parle au téléphone
Et de moi aussi
Et de ma dépression
Mélancolique
Nul ne le savait mieux que moi
Il y avait longtemps déjà que les petits hommes en noir
Alignés sur un fil de type téléphone
Me guettaient
Ils commençaient à me trouver
Je les avais peints en mauvais
Et moi, eux, les entendaient mais ne les trouvaient pas
A pas
Je devais sortir à un moment de ce placard
Me restait un peu de fierté

Sortir pour mieux me cacher de mon moi désemparé
Même pas de crampes
Je ne sens rien
Le rien que je suis, rempli mon vide
Du haut de mes 36 kilos et mon mètre 1.74
J'attrape mon sac plein de haine et le balance
Dans la gueule des
Mesdames et des Messieurs tout le monde
Que je croise Qui me regardent Qui me jugent
Se disent Qu'elle a une sale tronche celle-là Qu'elle
est bien maigre, Et
Et je leur pleure dessus,
Et je me pleure dessus.

Dis-association

Peur de me retrouver dans deux
Sans yeux, avec eux
Mais sachant que c'est ceux que je connais déjà
J'arrive et je me vois
Je me présente et j'essaie
D'avoir l'air normal
Mais je suis derrière moi-même, je m'entends articuler
Et étant très mal à l'aise
Je m'efforce avec trop de force
Et mes pieds ne sont pas sur le sol
Et je dois faire ce que je connais par cœur
Et je me réjouis de mon génie de savoir
Faire semblant
Et ne personne sait que je deviens fou
Et je croyais que c'était fini
Et je prends mes chaussures, si importantes dans la démarche
Et je me demande qui me voit
Mais qui le pourrait ?

Si expert suis-je dans le caché Je crie oh pourquoi
Ma vie me trahit-elle ?
Alors que d'elle, je n'ai rêvé que des plus belles
Et mon amour, en rêve, si fabuleux
Que lui dire de si malencontreux
De tout ce que je ne puis accepter
Et tout dans ma vie que j'ai tant aimée
Et je n'ai jamais aimé qu'Elle
Et je suis si épuisé
Et si attristé, et si vide, et
Et incapable de continuer.

L’aube

On peint le jour, le matin On étudie la lumière
Dont Van Gogh peignait la nuit,
On peint le soir, au crépuscule
La nuit noire
Je préfère peindre la nuit
Ou l’après-midi
Le matin je réfléchis,
Mais on ne peint jamais à l’aube
L’aube précède l’aurore
Personne ne peint à l’aube
Personne n’a jamais peint à l’aube
Car l’aube
Est la mort.

Au-delà de la mort

Un Amour comme toi
Est aussi rare
Que
Les orchidées
Qui poussent
Une
Nuit d'hiver
Parmi les rochers sauvages,
Quand
Tous les oiseaux s'unissent Pour contempler
La couleur unique de l'Amour.

« Athà mé in mu codladh, agus na dùishe mé »[3]
(Irlandais/Gaélique/)

[3] En Français : « Je dors désormais alors évitez de me réveiller ».

Table des matières

Imprimé en Allemagne
Achevé d'imprimer en juin 2022
Dépôt légal : juin 2022

Pour

Le Lys Bleu Éditions
40, rue du Louvre
75001 Paris

www.ingramcontent.com/pod-product-compliance
Lightning Source LLC
LaVergne TN
LVHW050333160826
845677LV00014B/3609